AF151091

BEI GRIN MACHT SICH IHR WISSEN BEZAHLT

- Wir veröffentlichen Ihre Hausarbeit,
  Bachelor- und Masterarbeit

- Ihr eigenes eBook und Buch -
  weltweit in allen wichtigen Shops

- Verdienen Sie an jedem Verkauf

Jetzt bei www.GRIN.com hochladen
und kostenlos publizieren

Stefanie Pohl

Jonathan Swifts "Gullivers Reisen" - Eine Zusammenfassung mit dem Fokus auf der Thematik 'Politische Utopien'

GRIN Verlag

Bibliografische Information der Deutschen Nationalbibliothek:

Die Deutsche Bibliothek verzeichnet diese Publikation in der Deutschen National-
bibliografie; detaillierte bibliografische Daten sind im Internet über http://dnb.d-
nb.de/ abrufbar.

Impressum:

Copyright © 2005 GRIN Verlag, Open Publishing GmbH
Druck und Bindung: Books on Demand GmbH, Norderstedt Germany
ISBN: 978-3-640-86936-7

Dieses Buch bei GRIN:

http://www.grin.com/de/e-book/168670/jonathan-swifts-gullivers-reisen-eine-
zusammenfassung-mit-dem-fokus

GRIN - Your knowledge has value

Der GRIN Verlag publiziert seit 1998 wissenschaftliche Arbeiten von Studenten, Hochschullehrern und anderen Akademikern als eBook und gedrucktes Buch. Die Verlagswebsite www.grin.com ist die ideale Plattform zur Veröffentlichung von Hausarbeiten, Abschlussarbeiten, wissenschaftlichen Aufsätzen, Dissertationen und Fachbüchern.

Besuchen Sie uns im Internet:

http://www.grin.com/

http://www.facebook.com/grincom

http://www.twitter.com/grin_com

Von: Stefanie Pohl

Seminar: Politische Utopien

Thema: Jonathan Swift –
Gullivers Reisen

Angaben zum Autor:

Jonathan Swift wurde am 30.11.1667 als Sohn eines Rechtsanwaltes in Dublin geboren. Sein Vater starb allerdings schon acht Monate nach seiner Geburt. Seine Mutter entschied sich damals nach England zu ziehen, während Jonathan mit seinem Onkel in Dublin blieb. Dieser übernahm dann auch die Kosten für Schule und Studium. 1672 beendete Swift die Kilkenny Grammy School und ging auf das Trinity College in Dublin, wo er 1682 seinen Abschluss machte. Er studierte anglikanische Theologie. Danach verlies Jonathan Swift Irland wegen politischen Unruhen und da sein Onkel 1688 gestorben war. Daraufhin besuchte seine Mutter in England. Dort blieb er und wurde der 1689 Sekretär des Sir William Temple. Dieser hatte sich nach seiner bedeutenden Laufbahn als Diplomat unter König Wilhelm III. zurückgezogen und lebte von da an in Moor Park. „Dort schloss Swift Freundschaft mit Esther Johnson, „Stella", der jungen Tochter einer Zofe von Sir Williams Schwerster, Lady Giffard."[1] Er strebte immer danach ein hohes Kirchenamt zu ergattern und deshalb wechselte er zu den Tories (Interessenvertreter der Landaristokraten und der Landbesitzer), nachdem die Whigs (Vertreter des Finanzbürgertums und der frühindustriellen Unternehmer) ihm nur eine kleine Pfarre anboten. Damals waren die Whigs und die Tories führende Parteien in England. Kurzzeitig kehrte er 1694 nach Irland zurück und nahm in Belfast eine Stelle als protestantischer Geistlicher an und wurde dort 1695 zum Priester geweiht. 1696 ging er wieder nach England zu Sir William Temple, wo Swift die ersten Bücher wie „Die Schlacht zwischen den Büchern" und „Eine Geschichte von einer Tonne" (veröffentlicht 1704) schrieb. Als Temple 1699 starb, verlor er seine gute Stellung, konnte auch nicht mehr auf eine hohe Position in der Kirche in England hoffen, wodurch es ihn wieder nach Irland zog, wo Jonathan dann Pfarrer in Laracor wurde. Auf Wunsch von Swift folgte „Stella" ihm mit einer Freundin nach Dublin (1702). Da er politisch sehr interessiert war, reiste er oft nach London und schloss mit Addison, Arbuthnot, Gay, Steele und Pope Freundschaften. Währenddessen entstanden viele Gedichte, Essays und Flugschriften von ihm. In dieser Zeit schrieb er viele herzliche Briefe an „Stella", die später nach seinem Tod im „Journal of Stella" veröffentlicht wurden.

Im den zwei Jahren zwischen 1707 und 1709 machte er Bekanntschaft mit Esther Vanhomrigh („Vanessa"). Jonathan verliebte sich in sie, verschwieg ihr aber das Verhältnis zu „Stella". Als „Vanessa" herausfand, dass sie nicht die Einzigste war und keine Hoffnung mehr hatte, brach sie zusammen und starb auch bald darauf. Auch „Stella" lebte nur noch 5 Jahre weiter.

In den Jahren 1710-1711 arbeitete er als politischer Journalist (Herausgeber des „Examiner") und wurde Vertrauter der maßgebenden Tory-Politiker Robert Harley, Lord Oxford und Henry St. John und Viscount Bolingbroke. Dies ließ ihn annehmen, dass sein politischer Einfluss steigen würde, den er bei den Whigs vermisste. Außerdem unterstützte er die Meinung der Tories gegen englische Beteiligung in den spanischen Erbfolgekriegen (1701-1714). „Der junge Mann erwarb sich in angesehenen Londoner Kreisen bald den Ruf, ein außerordentlich gerissener Satirenschreiber zu sein. In seinen Schriften, scharfsinnig, ironisch ins Schwarze treffend, die Untugenden wie z. B. Heuchlerei, Eitelkeit, Gelehrsamkeit, würdeloses Verhalten anprangerten, führte er seinen Zeitgenossen das Spiegelbild einer von Schein- wie auch Doppelmoral geprägten Gesellschaft vor Augen und parodierte einige Werke - seines Dafürhaltens einfältiger - zeitgenössischer Schriftsteller, was alles in allem wiederholt Probleme auch für sein berufliches Fortkommen als Geistlicher zur Folge hatte."[2]

Die Tories verschafften ihm das Dekanat von St. Patrick in Dublin (1713), womit er aber nicht zufrieden war. Trotzdem trat er dieses Amt an. Eigentlich hatte er aber auf eine

---

[1] Swift, Jonathan, „Gullivers Reisen", Fischer Bücherei KG, Frankfurt am Main und Hamburg, Oktober 1960 Seite 307 ff.

[2] http://www.sandammeer.at/zeitloses/jonathan-swift.htm

Belohnung für seine politischen Tätigkeiten mit einem Bischofssitz in England gehofft. 1714 jedoch wurden die Tories gestürzt, denn die Unterstützung durch Queen Anne fiel wegen ihres Todes weg, worauf er beschloss nach England zurückzukehren. Dies war das Ende von Jonathans politischer Karriere. Swift verfasste viele Flugschriften über die politische Lage Irlands und gegen Robert Walpole (bedeutender Whig). Die bekanntesten sind die „Tuchhändler-Briefe" (1724) und „Ein bescheidener Vorschlag um zu verhüten, dass Kinder armer Leute zu einer Last für ihre Eltern oder das Land werden, um sie zu einem Nutzen der Gesellschaft zu machen". Im Jahr 1926 veröffentlichte man „Gullivers Reisen", nachdem Swift vorher in London war. Über die letzten Lebensabschnitte von Jonathan Swift ist nicht sehr viel bekannt. Man weiß nur, dass er an einer unheilbaren Ohrenkrankheit, Gedächtnisschwund und Altersbeschwerden litt. Diese Krankheiten wirkten sich bei ihm sehr stark aus und so starb er am 19. Oktober 1745 in Dublin.

Inhaltsangabe

In dem Buch „Gullivers Reisen" schildert der Verfasser Jonathan Swift vier Reisen des Wundarztes Lemuel Gulliver.

Eine Reise nach Liliput

Als dieser seine erste Reise antritt, erleidet er Schiffbruch und strandet in Liliput. Auf dieser Insel trifft er auf Menschen, die so klein wie Zwerge sind. Die Einwohner sind circa 6 Zoll groß, während Schafe eine Größe von 1 ½ Zoll und Bäume von 7 Fuß haben. Sie nehmen ihn zunächst gefangen, versorgen ihn aber mit Essen und Trinken und behandeln ihn gut. So bekam er aus sämtlichen Dörfern jeden „...Morgen sechs Ochsen, vierzig Schafe und andere Nahrung..."[3] Bezahlt wurde dies aus der Schatzkammer. Seinen Hof bestreitet der Fürst fast nur aus Einkünften, wodurch die Untertanen lediglich bei außerordentlichen Gegebenheiten Steuern zahlen müssen. Daher müssen sie dafür auch auf eigene Kosten in den Krieg ziehen. Gulliver bekam 600 Diener, 300 Schneider und 6 Gelehrte, die ihm die Sprache des Landes lernen sollen. Die Verständigung klappte schon ganz gut, so fragte er den Fürsten, ob er bald seine Freiheit wiederbekäme. Daraufhin bekam er als Antwort, dass der Geheime Rat zustimmen müsse. Im Königreich galt das Gesetz, dass jeder nach Waffen durchsucht und diese dann auch konfisziert werden. Festspiele, die zur Unterhaltung des Königs beitrugen, wurden als sehr wichtig angesehen, da von Jugend auf diese Kunst gelehrt wurde und die bedeutenden Ämter durch Leistungen bei Festspielen vergeben wurden („Wer am höchsten springt, ohne zu fallen, erhält das Amt"). Oft müssen auch Minister ihre Fähigkeit immer einmal wieder beweisen, so sollte der Finanzminister auf einem Seil ein Zoll höher als alle anderen Adeligen springen können. Der Sekretär für Hausangelegenheiten ist demnach der zweite hohe Beamte nach dem Finanzminister. Die danach folgenden gleichen sich in ihren Fähigkeiten. Oft bat Gulliver die Freiheit wieder zu erhalten, so dass der Kaiser erst im Kabinett, wo nur einer seiner Feinde Wiederstand leistete, und dann im Staatsrat den Sachverhalt vorbrachte. „Allein der ganze Staatsrat stimmte gegen ihn und der Kaiser gab die Bestätigung. Dieser Minister war Galbet und Admiral des Reichs; er besaß das Vertrauen seines Herrn im hohen Grade und war in den Staatsgeschäften, allein von mürrischem Gemüt"[4]. So wurden jedoch Bedingungen für die Freilassung aufgesetzt. Deshalb musste Gulliver einen Eid ablegen, bei dem er nach Sitte des Landes man mit der linken Hand den rechten Fuß fassen und den Daumen der rechten Hand ans rechte Ohr legen musste, sowie den Mittelfinger über die Stirn legen musste. Dies tat er und ihm wurde Ernährung mit Essen und Getränken für 1728 Einwohnern zugesichert sowie weitere Vergünstigungen.

---

[3] Swift, Jonathan, „Gullivers Reisen", Fischer Bücherei KG, Frankfurt am Main und Hamburg, Oktober 1960
Seite 25
[4] Swift, Jonathan, „Gullivers Reisen", Fischer Bücherei KG, Frankfurt am Main und Hamburg, Oktober 1960
Seite 36

Das Reich des Kaisers ist durch eine zweieinhalb Fuß hohe und mindestens elf Zoll breite Mauer begrenzt. Zehn Fuß entfernt sind überall starke Türme. Die Hauptstadt der Insel gleicht einem Viereck, wo jede Seite der Mauer 500 Fuß lang ist und zwei große Straßen die Stadt in Viertel teilt (ein Viertel 5 Fuß breit). Circa 500 000 Leute hätten darin Platz. Die meisten Häuser sind 3-5 Stockwerke hoch. Der Palast des Kaisers steht genau in der Mitte der Stadt. Dieser wird von einer zwei Fuß hohen Mauer begrenzt.

Durch den ersten Sekretär für Privatangelegenheiten erfährt Gulliver von einer heftigen Parteiung im Inneren und bekommt heraus, dass von außen ein mächtiger Feind einen Angriff plant. Die Parteien sind Tramecksan und Slamecksan, die sich durch die Hohe des Schuhabsatzes von einander unterscheiden. Allgemein wird angenommen, dass die Einstellungen der hohen Absätze zur alten Verfassung besser passen würden, doch der Kaiser hat beschlossen lediglich die niedrigen Absätze für Verwaltung und Regierung einzusetzen und ihnen die Ämter zuzuteilen. Die beiden Parteien streiten sich so heftig, dass sie weder miteinander reden noch essen und trinken können. Die Staatsgewalt liegt allein in Händen des Kaisers. Gulliver jedoch ist absolut dagegen sich in die Streits einzumischen. Außerdem wird das Reich von außen durch Blefuscu bedroht. Gulliver wird um Mithilfe in einem möglichen Krieg gebeten und er willigt ein. Mit Leichtigkeit zieht er die gesamte Flotte des Gegners ans eigene Ufer über den achthundert Ellen langen Kanal, wodurch er einen Angriff verhindert. Er weigerte sich doch Blefuscu ganz für den Kaiser zu erobern, was dieser ihm nie vergab. Es entstand eine Intrige gegen Gulliver, die ihn beinahe vernichtete.

Ihre Grundlehre nehmen die Liliputer aus dem Blunedecral (Koran von Liliput).

Die Liliputer schreiben von Ecke zu Ecke. Außerdem begraben sie ihre Toten mit dem Kopf nach unten, da sie meinen, dass sich nach 11000 Monaten die Erde (=Scheibe) dreht, damit man bei der Auferstehung wieder auf seinen Füssen steht.

Gesetze: Verbrechen gegen den Staat werden mit größter Strenge bestraft, so auch bei Denunzianten. Sollte sich herausstellen, dass ein Angeber jemanden zu unrecht beschuldigt hat, dann wird er auf schimpfliche Weise hingerichtet. Der Unschuldige erhält damit die Güter und Ländereinen des Angebers. Wenn der Denunziant arm war, zählt die Krone und die Unschuld muss öffentlich proklamiert werden. Betrug wird als schlimmer angesehen als Diebstahl, worauf auch die Todesstrafe steht. Man geht davon aus, dass Sorgfalt und Menschenverstand das Eigentum vor Dieben schützt. In Liliput wird nach dem Grundsatz Belohnung und Strafe gehandelt. Wer 73 Monate die Gesetze eingehalten hat, erhält Privilegien und eine besondere Geldsumme. Mit Rücksicht auf die erwähnte Sitte wird die Gerechtigkeit in ihren Gerichtshöfen mit sechs Augen abgebildet, zwei vorne und hinten, und einem an jeder Seite, um die Umsicht anzudeuten; sie enthält ferner einen Beutel voll Gold mit der rechten und ein Schwert in der Scheide mit der linken Hand, um anzudeuten, sie sei mehr zu Belohnung wie zur Strafe geneigt."[5] Bei der Besetzung von wichtigen Ämtern gilt gute Sitte mehr als Fähigkeiten, denn Meinung, Gerechtigkeit, Wahrhaftigkeit und Mäßigung kann jeder ausüben. Auch für Undankbarkeit wird man in Liliput mit der Todesstrafe bestraft, da es ein Verbrechen ist.

Erziehung: Die Liliputer handeln und leben nach dem Naturgesetz. Der Schutz eines Kindes durch seine Eltern wird als normal angesehen, doch taugen die Eltern am wenigstens zur Erziehung. Dafür gibt es öffentliche Kindergärten (für alle außer den Kindern von ärmeren Bauern), die man ab 20 Monaten je nach Geschlecht getrennt besucht. Dort werden die Kinder je nach Stand, Neigung, Fähigkeit erzogen. Die Knaben werden von berühmten Professoren und Hilfskräften unterrichtet. Es werden Grundsätze der Ehre in Gerechtigkeit, des Mutes, der Bescheidenheit, der Milde, der Religion und der Vaterlandsliebe vermittelt.. Die Kinder waren stets beschäftigt, lediglich zum Essen und Schlafen gönnte man ihnen Ruhezeit. In zwei Erholungsstunden stand meist Sport auf dem Programm. Bis zum 4.

---

[5] Swift, Jonathan, „Gullivers Reisen", Fischer Bücherei KG, Frankfurt am Main und Hamburg, Oktober 1960
Seite 52

Lebensjahr wurden die Jungs von Männern angezogen, denn die Frauen durften nur die niedrigsten Dienste verrichten. Den Kindern war es verboten sich mit Bediensteten zu unterhalten. Die Eltern durften ihre Kinder zweimal im Jahr für jeweils eine Stunde besuchen, wobei aber immer ein Lehrer dabei ist. Wenn die Eltern nicht für den Kindergarten zahlen können, mussten Beamte des Kaisers es für sie tun. Während der mittlere Stand schon mit 11 Jahren in die Lehre ging, beendeten die Kinder des höheren Standes ihre Studien mit 15. Es gab nur wenige Unterschiede bei den Mädchen. Für die Ankleidung bis zum 5. Jahr sorgte eine Frau, doch ein Lehrer war mit anwesend. Die Mädchen mussten sich keinen besonderen häuslichen Lehren unterziehen. Mit 12 galt man als heiratsfähig. Vor allem in den niederen Ständen wurden sie in allen Fähigkeiten unterrichtet und gingen dann mit 7 in die Lehre. Arme Leute mit Kindern in Erziehungsanstalten mussten einen geringen Teil ihrer Monatseinkünfte zahlen, damit später die Kinder ausgestattet waren. Man ersah eine Zeugung als ungerecht, wenn die Erziehung auf die Allgemeinheit abgewälzt wird.

Als im Palast ein Feuer ausbricht, löscht Gulliver es, in dem er sich erleichtert. Allerdings verstößt dies gegen das Grundgesetz, nach dem niemand innerhalb der Palastmauern Wasser lassen darf, und das mit dem Tode bestraft wird. Man begnadigt ihn jedoch, aber will statt seines Lebens ihm das Augenlicht nehmen. Der ihm gegenüber nicht gut gestimmte Finanzminister merkte zusätzlich an, dass die Ernährung von Gulliver Liliput in den Ruin stürzen würde und plädiert daher für die Todesstrafe. Gulliver entschließt sich zwar um Erlaubnis zu fragen, ob er nach Blefuscu ausreisen dürfe, um es sich anzusehen, wartet jedoch keine Antwort ab. Daraufhin sendet der König nach langer Abwesenheit Gullivers einen Boten nach Blefuscu aus, um ihn zurückbringen zu lassen. Bevor dies geschehen kann, baut er sich mit Hilfe von 500 Arbeitern ein Schiff und bestückt es mit Nahrung (Ochsen, Schafe, Brot und Wasser uvm.). Er sticht in See, macht einen kurzen Zwischenstopp und trifft dann auf ein englisches Schiff, dass ihn am 13.4.1702 wieder heil zu seiner Frau zurückbringt.

Eine Reise nach Brobdingnag

Nur zwei Monate verbrachte er bei seiner Familie. Dann wollte er wieder in fremde Länder reisen und ging mit Kapitän John Nicholas an Bord der „Abenteuer". Doch auch auf dieser Reise gerät das Schiff in einen heftigen Sturm und das Beiboot wird ausgesetzt, jedoch wird er von den anderen zurückgelassen und so landet er auf der Insel Brobdingnag. Dort begegnet er Menschen, die so groß wie Kirchtürme sind, die ihn als ein technisches Wunder ansehen. Der Mann, der ihn findet, nimmt ihn bei sich auf und versorgt ihn gut. Die neunjährige Tochter (er nannte sie Glumdalclitch) des Mannes wird die Herrin von Lemuel Gulliver und bringt ihm die Sprache des Landes bei. Da die Einwohner von Brobdingnag sehr erstaunt über ihn sind, gilt er bald als Attraktion und wird auch als diese vorgeführt, woran der Herr jede Menge Geld verdient. Auch der König wird auf ihn aufmerksam und kauft dem Mann Gulliver für tausend Goldstücke ab. Auch hier werden extra für ihn kleine Möbel und ein kleines Haus angefertigt. Glumdalclitch wird ebenfalls in die Dienste des König einbezogen, indem sie sich weiterhin um Gulliver kümmern und ihm die Sprache beibringen darf. Der König hielt ihn zuerst für einen Automaten, doch als er auf sämtliche Fragen vernünftige Antworten geben konnte, ließ er Gulliver von drei großen Gelehrten untersuchen. Nach vielen Beratungen kommen diese zu dem Schluss er sei ein Naturspiel. Das Königspaar fand Gefallen an Gulliver und ließen ihn gern mit ihnen speisen und sich von ihm unterhalten. Gefährlich wurde es für ihn, wenn riesige Fliegen oder andere Tiere in seine Nähe kamen oder wenn der Lieblingszwerg der Königin ihn wieder aus Eifersucht ärgerte.

Das Königreich ist eine Halbinsel, die auf der einen Seite durch Berge, auf denen Vulkane sind, begrenzt ist. Selbst die Gelehrten wissen nicht, wer womöglich hinter der Bergkette lebt oder ob es überhaupt bewohnt ist. An den anderen Seiten ist dieses Reich vom Ozean begrenzt. Allerdings gibt es keinen Hafen, die Flüsse münden meist in spitzen Felsen und das Meer ist so stürmisch, dass es kein Boot aushalten könnte. Somit ist Brobdingnag von außen total abgeschottet. Die Größenverhältnisse sind nur auf das Land beschränkt, denn im Meer sind Lebewesen und Pflanzen von normaler Größe. Das Land ist dicht bevölkert (150 Hauptstädte, hundert befestigte Städte und mehrere Dörfer). Die Hauptstadt Lorbrulgrud wird von einem Fluß in zwei Teile geteilt. Der Palast teilt sich in mehrere Gebäude auf und ist dadurch wahnsinnig groß. Laut Gullivers Beschreibungen gibt es in dieser Gesellschaft auch Bettler.

In vielen Unterredungen mit dem König will dieser ebenso viel über die Politik und gesellschaftliche Umstände in Gullivers Land wissen, was er ihm dann auch genau schildert. Daraufhin macht der König viele Bemerkungen. „Er behauptete, diese Geschichte sei nur eine Anhäufung von Verschwörungen, Rebellionen, Ermordungen, Revolutionen, Verbannungen, den schlimmsten Äußerungen, die Geiz, Parteisucht, Heuchelei, Treulosigkeit, Grausamkeit, Wut, Tollheit, Hass, Neid, Wollust, Bosheit und Ehrgeize jemals hervorrufen könnten."[6] Daher kommt er zu dem Schluss, dass die meisten Einwohner Englands das verderblichste Geschlecht sind, welches die Natur je hervor gebracht hat.

Allerdings muss man dem König eingestehen, dass er durch die Abschottung zur übrigen Welt, wenig Kenntnis über Sitten und Gewohnheiten anderer Länder haben kann. Dies führt zu Vorurteilen und zu schnell gezogenen Schlüssen. Gulliver erzählt weiterhin dem König über Schießpulver und Explosionen, wodurch der König sehr mächtig werden könnte und bietet ihm sogar an, dieses Pulver für ihn herzustellen. Doch bemerkt ihre Majestät nicht, wie mächtig ihn die Entwicklung von Schießpulver machen könnte, sondern wundert sich eher über die unmenschlichen Gedanken von Gulliver. Und damit verbietet er ihm darüber noch einmal zu sprechen. „Welch sonderbare Folge engherziger Grundsätze und Ansichten! Ein Fürst, begabt mit jeder Eigenschaft, welche Verehrung, Liebe und Achtung erweckt; ein Mann von großen Geistesgaben tiefer Gelehrsamkeit, mit bewundernswerten Talenten, ein Fürst, welcher von seinen Untertanen beinahe angebetet wird, ließ wegen unnötiger Gewissenszweifel, von denen man in Europa keinen Begriff hat, eine Gelegenheit entschlüpfen, die ihn zum unumschränkten Herrn über Leben, Freiheit und Vermögen seiner Untertanen gemacht hätte!"[7] Das alles spricht laut Gulliver dafür, dass man in Brobdingnag die Politik nicht zur Wissenschaft gemacht hat und einfach zu wenig Kenntnisse darüber hat. Für ihn bedeutet regieren hauptsächlich gesunden Menschenverstand, Vernunft, Gerechtigkeit und Milde walten zu lassen, sowie alle Zivil- und Kriminalprozesse so schnell wie möglich zu erledigen, damit man sie nicht unnötig wiederholen muss. Das Volk von Brobdingnag hat nur ein beschränktes Wissen über Moral, Geschichte, Poesie und Mathematik. Gesetze sind so kurz zu verfassen, dass sie nicht die Anzahl der Buchstaben im Alphabet überschreitet. Sie sind verständlich geschrieben und werden auch meist nur einfach ausgelegt. Denn ein Kommentar zu einem Gesetz gilt als Hauptvergehen. In Zivil- oder Kriminalprozessen sind Präzedenzfälle ganz selten. Die Büchereien in Brobdingnag sind sehr klein (nicht mehr als tausend Bände), obwohl man dort die Buchdruckkunst schon seit langer Zeit kennt. Das Militär, damit die königliche Armee besteht aus 176 000 Mann Infanterie und 32 000 Kavallerie. In Brobdingnag wird jeder Pächter von seinem Gutsherren und jeder Bürger von den angesehensten Leuten seiner Stadt befehligt. Diese werden durch geheime Abstimmung (wie in Venedig) gewählt. Gulliver fragt sich, wieso eine abgeschlossene Halbinsel überhaupt eine Armee hat. Oft litt das Volk an der gleichen Krankheit, dass Menschen unterdrückt wurden. Da der Adel oft nach Gewalt strebte, das Volk frei sein wollte und der König der alleinige Herrscher sein wollte, jedoch die Gesetze dies einigermaßen milderten, verletzte eine der drei Parteien das Recht und es entstanden Bürgerkriege.

---

[6] Swift, Jonathan, „Gullivers Reisen", Fischer Bücherei KG, Frankfurt am Main und Hamburg, Oktober 1960
    Seite 129
[7] Swift, Jonathan, „Gullivers Reisen", Fischer Bücherei KG, Frankfurt am Main und Hamburg, Oktober 1960
    Seite 131

Eines Tages reist das Königpaar mit Gulliver an die Grenzen der Insel. Glumdalclitch erkrankte, so passte ein anderer Diener auf Gulliver auf. In einem Moment der Unachtsamkeit wurde sein kleines Haus in Form einer Schachtel von einem großen Greifvogel ergriffen und flog damit übers Meer. Da zwei andere Greifvogel sich um die „Beute" mit ihm stritten, fiel die Schachtel ins Meer. Kurz darauf wurde er von einem Kapitän in seinem Schiff aufgenommen. Und so kam er wieder nach Redriff zu seiner Frau und seinen Kindern.

Reise nach Laputa, Balnibarbi, Luggnag, Glubbdubdrib und Japan

Gulliver war kaum zehn Tage daheim, schon fragt ihn der Kapitän William Robinson, ob er nicht auf seinem Schiff „Hoffnung" als Wundarzt mitreisen möchte. Lemuel Gulliver konnte nicht wiederstehen. Am 5. August 1706 stachen sie in See und erfrischten ihre Mannschaft in Fort St. George für drei Wochen. Sie überstanden einen heftigen Sturm. Doch dann wurden sie von zwei Piratenschiffen attackiert, geentert und gefangen genommen. Durch eine Äußerung über Heiden und Christen gerät Gulliver in Gefahr. Man beschließt ihn nicht zu töten, sondern ihn zu bestrafen, was für ihn fast schlimmer war. Mit einem kleinen Segelboot und ein paar Lebensmitteln setzte man ihn vier Tage lang aus. Er entdeckt einige Inseln und entschließt sich eine Nacht auf der felsigen Insel zu bleiben. Beim Erkunden sah er eine schwebende Insel, die herabsank. Die Bewohner ließen ihn auf die Insel. Bald merkte Gulliver, dass die Einwohner von Laputa sich nicht miteinander verständigen konnten, wenn ihre Hör- oder Sprechorgane nicht von außen durch eine Berührung aktiviert wurden. Daher hatte jeder Vermögende einen Klatscher und einen Bediensteten. „Der Herr ist nämlich stets in tiefes Nachdenken versunken, dass er in fortwährender Gefahr schwebt, in einen Abgrund zu stürzen oder an jeden Balken mit dem Kopf zu rennen oder in den Straßen die Umherstehenden zu stoßen oder selbst in den Rinnstein gestoßen zu werden."[8] Daher wird er beim Spazieren gehen immer von seinem Klatscher begleitet, um dem Herrn einen Klaps auf die Augen zu geben. Da die Aktivierung bei Gulliver nicht notwendig war, hielten die Laputier nicht sehr viel von seinem Verstand. Leider klappte die Verständigung so gut wie gar nicht. Deshalb unterrichtet man ihn auch hier wieder in der Landessprache. Um den anderen Inseln, die zum Reich des König der schwebenden Insel dazugehörten, etwas mitzuteilen wurden Bindfäden heruntergelassen, an denen die Nachricht befestigt wurde. Die Ideen der Laputier sind stets nach philosophischen Begriffen und mathematischen Linien und Figuren gebildet. Allerdings sind fast alle Mauern der Häuser schief, da sie eine Abneigung gegen angewandte Geometrie haben. Gulliver beschreibt die Laputier als Volk, dass nicht komplizierter und unpraktischer Denken und Handeln könnte. Die einzigsten Ausnahmen bilden die Musik und die Mathematik. Dinge wie Meinung, Phantasie, Einbildungskraft und Erfindungsgabe sind für die Einwohner unbekannt. Allerdings sind sie politisch sehr interessiert und untersuchen andauernd Staatsangelegenheiten, sowie sie um jede Einzelheit einer Parteimeinung streiten. Die Bewohner Laputas sind ständig unruhig und lassen ihren Geist nie zur Ruhe kommen, so dass sie noch nicht einmal schlafen können, weil sie sich immer um Gefahren sorgen und Angst vor den Folgen haben. Die Frauen auf Laputa sind äußerst lebhaft und sind Fremden sehr zugetan, während sie ihre Männer verachten. Angeblich besitzen die Frauen nicht die hohen Geistesgaben und werden deshalb verachtet. Die Ehemänner sind so in ihre eigenen Spekulationen vertieft, so dass sie nicht bemerken, wenn ihre Frauen mit Fremden sehr vertraut umgehen (Voraussetzung ist natürlich, dass kein Klatscher des Mannes in der Nähe ist). Auffallend ist, dass der König nie interessiert war zu erfahren, welche Gesetze, Regierungsformen uvm. in den verschiedenen Ländern herrschten, sondern immer nur den Stand der Mathematik wissen wollte.
Zum Schutz vor Aufständen, bei einem heftigen Parteikampf oder wenn Abgaben nicht gezahlt wurden, hatte der König zwei Methoden:

---

[8] Swift, Jonathan, „Gullivers Reisen", Fischer Bücherei KG, Frankfurt am Main und Hamburg, Oktober 1960
Seite 155

- bei der ersten schwebt er mit seiner Insel über der Stadt, wo der Aufstand beginnt und nimmt ihnen damit die Sonne und den Regen. Dies führt zu sehr vielen Erkrankungen (mildere Strafe)

- bei der zweiten Methode wird die Stadt mit Steinen beworfen, wodurch Häuser zerstört werden und alle gezwungen sind in Höhlen oder die Keller zu verschwinden. Die Insel wird also definitiv von der Krone dominiert. Wenn die beiden Methoden nichts bewirken, fällt die ganze Insel auf die Stadt herab. Doch wird davon oft abgesehen, da der Diamant der Insel zerstört werden könnte.

Beschreibung der Insel: Sie ist kreisförmig und von unten sieht man nur eine Fläche eines Diamanten. Darüber liegen zwei Mineralschichten und noch weiter oben Dammerde. Die Insel senkt sich auf die Mitte zu, so dass Regen und Tau in der Mitte abfließen und in vier großen Becken landen. Die Sonne verdunstet das Wasser, wodurch die Becken nicht überlaufen können. Der König hat die Macht über die Insel und kann sie nach Belieben über die Wolken und die Dunstregion erheben. Er kann sozusagen über das Wetter bestimmen. In der Mitte der Insel ist eine Spalte zu finden, wo man eine Halle für die Astronomen integriert hat. „Die größte Merkwürdigkeit wovon das Schicksal der Insel abhängt, besteht aber in einem Magnetstein von ungeheurer Größe, welcher an Gestalt einem Weberschiff ähnlich ist. (...) Dieser Magnet wird durch eine starke diamantene Achse gehalten, welche durch seine Mitte geht und um die er drehbar ist; man hat ihn so genau im Gleichgewicht aufgestellt, dass die schwächste Hand ihn drehen kann." [9] Genau dadurch kann die Insel bewegt werden, denn zeigt der Magnet näher zur Erde wird sie angezogen und andersherum. Im Grundgesetz war festgelegt, dass die Königin sowie auch der König die Insel nicht verlassen dürfen.

Da Gulliver den Einwohnern müde geworden ist, verlässt er Laputa und geht in die Hauptstadt Balnibarbi (Festland). Dort wundert er sich über schlecht bebautes Land und vor dem Verfall stehende Häuser. Mit seiner Exzellenz Munodi (Ex-Gouverneur von Lagado) machte er eine Reise zu dessen Landhaus. Dort zeichnet sich genau das gegenteilige Bild ab. Munodi erzählt ihm von einer Akademie für Projektmacher, die versuchten sämtliche neue Dinge zu erfinden, um das Leben einfach zu machen. Jedoch waren diese Dinge so unmöglich (zum Beispiel ein dauerhaftes Material, dass ein Gebäude für immer fest stehen lässt), dass Gulliver sich diese Akademie ansehen wollte. So wird er von einem Freund Munodis in der Akademie herumgeführt, lernt die unterschiedlichsten Künste kennen und macht sogar Verbesserungsvorschläge. So wurde zum Beispiel der Vorschlag eines Doktors gemacht, dass jeder Senator einer Nationalversammlung seine Stimme für die entgegengesetzte Richtung abgibt, damit das Ergebnis zu Gunsten des Volkes ausfällt. Oder könnte man eine bequeme Steuerpolitik einführen, was bedeutet Laster und Torheit zu besteuern oder eitle Eigenschaften des Körpers und der Seele.

Gulliver verlässt Lagado und kommt in Maldonado an., wo er kein Schiff findet, das fertig ist in See zu stechen. Wahrscheinlich erst in einem Monat würde ein für ihn geeignetes Schiff in Maldonado ankommen. Er macht dort viele Bekanntschaften und lässt sich von einem Herrn höheren Standes zu einer Reise nach Glubbdubdrib überreden. Diese Insel ist bekannt dafür, dass Hexenmeister und Zauberer sie bewohnen. Die Mitglieder eines dieser Stämme heiraten untereinander. Der älteste Sohn tritt meist als nächster Fürst oder Gouverneur an, der mit seiner Familie von seltsamen Gesinde bedient wird. Dort erzählt Gulliver dann seine Abenteuer dem Gouverneur. Dieser gewährt Gulliver Fragen an bedeutende Personen aus der Geschichte zu stellen. So bittet er zum Beispiel darum mit Homer, Aristoteles, Alexander dem Großen, Hannibal, Cäsar und Pompejus zu reden. Gulliver stellte daraufhin fest: „Eine große Anzahl von Personen, die in dieser Hinsicht beteiligt waren, wurden herbeigeschworen und enthüllten mir, bei einer nur flüchtigen Untersuchung, ein solches Schauspiel an Gemeinheit, dass ich ohne in ernstes Nachdenken zu kommen nicht darüber reden kann.

---

[9] Swift, Jonathan, „Gullivers Reisen", Fischer Bücherei KG, Frankfurt am Main und Hamburg, Oktober 1960 Seite 163

Meineid, Unterdrückung, Verführung, Betrug, Kuppelei und ähnliche Gebrechlichkeiten wären noch unter den Schlichen am ehestens zu entschuldigen, und ich war so vernünftig, in betreff derselben nachsichtig zu sein."[10] All dies und viel mehr ließ die Bewunderung für die großen Persönlichkeiten ein wenig schrumpfen. Nach weiterem Nachdenken kehrte er nach Maldonado zurück und segelt mit dem Schiff nach Luggnagg. Dort wird er dann gefangengenommen. Auf Wunsch erhält er beim König eine Audienz. Dafür musste Gulliver auf dem Bauch kriechen und dabei den Boden ablecken. Danach durfte er nicht einmal ausspucken oder sich den Mund abwischen, da das als ein Todesverbrechen galt. Auch dieser König fand Gefallen an seiner Gesellschaft, so dass er seinetwegen drei Monate in Luggnagg blieb. Die Bewohner dort sind ein stolzes Volk und höflich gegenüber Fremden. Dort trifft Gulliver auf die Struldbrugs (= Unsterbliche), die mit einem roten Flecken auf der Stirn zur Welt kommen. Dieser Fleck verändert sich im Laufe des Lebens bis er im 45. Jahr kohlrabenschwarz wird. Vorerst stellt sich Gulliver die Unsterblichkeit als wahrhaftes Glück vor, doch dann schildert sein damaliger Dolmetscher ihm, dass Struldbergs ab dem 30. Lebensjahr melancholisch und niedergeschlagen werden und sich dies bis zum 80. Jahr steigert. Sie zeigen mehrere Schwächen als andere und haben keine Aussicht jemals zu sterben. Deshalb wird eine Ehe zweier Struldbergs im 80. Lebensjahr des jüngeren aufgelöst, da man die Lasten nicht noch vergrößern will. Vor dem Gesetz sind sie ab diesem Alter auch tot. Sie dürfen kein Amt mehr übernehmen, nicht als Zeuge in Prozessen auftreten und kein Grundstück kaufen. Da sich die Sprache oft verändert, verstehen die Struldbergs mit der Zeit die Bewohner nicht mehr. „Sie werden von jeder Volksklasse verachtet und gehasst."[11]
Nach vielen Erkenntnisse über Unsterblichkeit und Gesetze für Struldbergs segelte er von Luggnagg nach Japan. Ein holländisches Schiff nimmt ihn von dort aus mit nach Amsterdam, von wo aus er dann nach England zu seiner Familie zurückkehrt.

Reise in das Land der Houyhnhnms

Lange hält es ihn, wie vorher auch immer, nicht zu Hause. Diesmal sticht er als Kapitän mit einer Mannschaft in See. Da viele dieser Mannschaft an Tropenfieber starben, heuerte er neue Leute an, die dann gegen ihn eine Verschwörung anzettelten. Sie verführten die restliche Mannschaft und sperren ihn in seine Kajüte ein. Nach einiger Zeit setzen sie ihn auf einer unbekannten Insel aus. Im Landesinneren trifft er dann auf seltsame Wesen, die er Houyhnhnms nennt. Er beschreibt sie als Pferde, die aber Vernunft kennen und Verstand haben. Die Houyhnhnms sind für ihn die Vollkommenheit der Natur. Auch hier wird er aufgenommen und versucht deren Sprache zu erlernen. Dabei fällt ihm auf, dass in ihrer Sprache kein Wort für Lüge oder Falschheit existiert, auch das Bezweifeln von etwas oder ein Nichtglauben ist ihnen unbekannt. Nach einiger Zeit stellt er fest, dass Vernunft und Natur für die Houyhnhnms allein als Recht dient und genügende Führer sind. Ebenfalls reicht Vernunft aus um zu regieren. Gulliver bemerkt, dass Schimmel, Rotfuchs und Eisengraue weniger gebildet sind wie reinrassige Tiere (Apfelschimmel, Brauner oder Rappe). Sie unterscheiden sich auch in den angeborenen Talenten und der Verbesserung dieser. Die Pferde, die Bedienstete sind, haben nicht das Bestreben im Rang aufzusteigen. Houyhnhnms sehen es als unnatürlich an, wenn es doch so ist. Auf dieser Insel begegnet er noch anderen Wesen, die von der äußerlichen Erscheinung ihm sehr ähnlich sind. Sie werden Yahoos genannt. Allerdings haben diese sehr wenig Verstand und handeln auch nicht nach Vernunft.

---

[10] Swift, Jonathan, „Gullivers Reisen", Fischer Bücherei KG, Frankfurt am Main und Hamburg, Oktober 1960 Seite 195

[11] Swift, Jonathan, „Gullivers Reisen", Fischer Bücherei KG, Frankfurt am Main und Hamburg, Oktober 1960 Seite 208

Zum Beispiel streiten und kämpfen sie wie Tiere um Essen und Gebiete. So kommt es oft vor, dass zwei sich ums Essen streiten und der glückliche Dritte dann die Gunst der Stunde nutzt und sich das Essen stibitzt. Ebenfalls essen sie sich so voll bis sie fast platzen, damit niemand anderes etwas abbekommt, auch wenn sie sich danach übergeben müssen. Während Yahoos durch Schmutz und Gier krank werden können (sie neigen zu Unsauberkeit und Schmutz), ist das bei Houyhnhnms nicht der Fall, weshalb sie keine Ärzte brauchen (Kräuter gegen Verletzungen). Unter den Yahoos gibt es einen Herrschenden, der bösartiger und hässlicher nicht sein kann. Dieser hat einen Günstling, der dem Herrscher Füße und Hintern leckt, die Stuten in den Stall treibt. Er wird von allen gehasst, da er dies alles für ein bisschen Eselfleisch tut. Der Herrscher bleibt solange im Amt bis einer kommt, der schlimmer ist. Die Stuten sind für alle zugänglich, denn sie geben sich auch während der Trächtigkeit mit Männchen ab. Yahoo werden als Arbeitstiere genutzt, denn sie sind sehr ungelehrig. Gulliver beschreibt sie außerdem als listig, verräterisch, boshaft und rachsüchtig, sie sind auch stark und kräftig. Für die Houyhnhnms jedoch ist der Hauptgrundsatz in der Erziehung die Ausbildung der Vernunft (=sofortige Überzeugung). Denn Vernunft lehrt zu behaupten oder zu leugnen, wovon sie auch vollkommen überzeugt sind. Wenn sie über etwas nichts wissen, urteilen, leugnen oder behaupten sie auch nichts. Bei ihnen gibt es keinerlei Streit, Rechthaberei, Dispute oder Kontroversen. Die wichtigsten Tugenden sind Freundschaft und Wohlwollen, Anstand und Höflichkeit, wobei sie aber keine Zärtlichkeiten zu ihren Kindern zeigen. Die Houyhnhnms gehen genauso gut mit anderen Kindern um, wie sie das mit ihren eigenen tun (analog bei Nachbarn und Fremden). „Sie glauben, die Natur erfordere, dass man die ganze Gattung liebe; es sei fernen vernünftig, dass man bloß diejenigen Individuen auszeichne, welche einen höhern Grad der Tugend besitzen.“[12] Wenn ein Paar sowohl ein weibliches als auch ein männliches Fohlen hat, dürfen die beiden nur noch ein weiteres bekommen, wenn eines stirbt. Wenn ein Paar zu alt ist, bekommt es von einem anderen ein Fohlen. Somit vermeidet die Houyhnhnms eine zu dichte Bevölkerung. Dies gilt bei höheren Ständen, während die niederen drei Kinder jeden Geschlecht bekommen dürfen. Eine Ehe geht man nach Farbe ein, da man keine Rassenmischungen wünscht. Bei Hengsten wird Kraft sehr geschätzt, bei Stuten Schönheit. Wenn aber eine Stute kräftig ist, dann sucht man dazu einen schönen Hengst. Doch auch in der Ehe gibt es keine Zärtlichkeiten, Geschenke, kein Werben oder keine Versorgung. Die Eltern entscheiden über die Hochzeit eines Paares. Eine Verletzung der Ehe durch Fremdgehen oder Eifersucht, Streit, Verliebtsein sowie Unzufriedenheit gibt es nicht. Man lebt in gegenseitiger Freundschaft. Ein Fohlen bekommt bis zum 18. Lebensjahr kein Hafer und Milch nur selten. Im Sommer grasen sie 2 Stunden jeweils morgens und abends. Dabei werden sie von den Eltern beobachtet. „Mäßigkeit, Fleiß, Körperbewegung und Reinlichkeit werden als immerwährende Lehren beider Geschlechter gegeben.“[13] Außerdem wurden Kraft, Abhärtung und Schnelligkeit trainiert. Viermal im Jahr gab es Wettkämpfe, in denen man sich nach den oben genanntem gegen andere messen konnte.

Ebenfalls viermal im Jahr fand eine Repräsentativveranstaltung statt, bei der Mängel (z. B. Heu) der einzelnen Inselteile festgestellt und durch den Beitrag aller ausgeglichen werden. Dabei wurden auch die Kinder verteilt (Prinzip s.o.). Die Houyhnhnms kennen keine Schrift, denn ihr ganzes Wissen beruht auf Tradition. Sie sind ebenso von der Außenwelt abgeschlossen und haben keinen Kontakt zu anderen Völkern. Ein Jahr wird nach dem Verlauf der Sonne und des Mondes berechnet, aber sie nehmen keine weitere Unterteilung vor (wie bei uns Wochen). In der Astronomie kennen sie sich lediglich mit der Bewegung von

---

[12] Swift, Jonathan, „Gullivers Reisen", Fischer Bücherei KG, Frankfurt am Main und Hamburg, Oktober 1960
Seite 264
[13] Swift, Jonathan, „Gullivers Reisen", Fischer Bücherei KG, Frankfurt am Main und Hamburg, Oktober 1960
Seite 266

Sonne und Mond aus. Sie leben in einfachen Häusern, die guten Schutz vor Wetter bieten. Jeder besitzt einen Baum, der nach 40 Jahren mit einem scharfen Stein (Eisen nicht bekannt) abgesägt wird. Dieser wird angespitzt, als Pfahl verwendet und mit Weidenruten und Haferstroh verflochten.

Sie begraben ihre Toten an den dunkelsten Orten und empfinden keinen Kummer, sowie der Sterbende keinen Schmerz verspürt. Sie werden häufig nicht älter als 75 Jahre und sie können ungefähr zehn Tage vorher ihren Tod voraussagen.

Gulliver bewundert die Art, wie die Houyhnhnms miteinander leben, doch droht er selbst zu verhungern, da er von Heu und Hafer nicht leben kann. Letztendlich fand er doch eine Möglichkeit sich zu ernähren. Doch bald trat ein anderes Problem auf. Durch die Kleidung erkannten die Houyhnhnms die Ähnlichkeit von Gullivers Körper zu denen der Yahoos nicht, doch seine Kleidung ging irgendwann kaputt und so bemerkten sie es. In einer der Repräsentativversammlungen wurde dann beklagt, dass Gulliver als Yahoo nicht als ein Houyhnhnm leben kann. Entweder er geht zu den Yahoos und lebt mit ihnen oder er kehrt dahin zurück, wo er hergekommen ist. Dies war der Beschluss der Ratsversammlung. So beschließt er zu gehen, baut sich mit Hilfe eines Houyhnhnms ein Boot und segelt davon. Er macht einen kleinen Halt auf einer Insel bis er von Einwohner dieser verjagt wird. Deshalb sticht er wieder in See und trifft zufälligerweise auf ein großes Segelschiff, welches ihn aufnimmt und nahm ihn mit nach Lissabon, von wo aus er nach Hause segelte. Das Zusammenleben mit seiner Frau und seinen Kindern war seither für ihn sehr schwierig, da er sich an den Umgang der Houyhnhnms derart gewöhnt hatte, dass er bei der ersten Umarmung seiner Frau in Ohnmacht fiel. Außerdem musste er sich erst wieder an den Geschmack von Salz gewöhnen. Doch mit der Zeit viel ihm das alles wesentlich leichter.

Quellenverzeichnis:
http://www.jaffebros.com/lee/gulliver/chron.html
http://www.klassiker-der-weltliteratur.de/swift.htm
http://www.jadukids.de/personen/pers/gulliver/vor.html
http://www.jadukids.de/personen/pers/gulliver/index.htm
http://www.rewi.hu-berlin.de/stud/akj/zeitung/03-2/vorab/rezension.pdf
http://www.sandammeer.at/zeitloses/jonathan-swift.htm
http://de.wikipedia.org/wiki/Jonathan_Swift